함께 가는 길

김재승 시집

시와사람

국립중앙도서관 출판시도서목록(CIP)

함께 가는 길 : 김재승 시집 / 지은이: 김재승.
-- 광주 : 시와사람, 2015
p. ; cm. -- (시와사람 서정시선 ; 044)

ISBN 978-89-5665-441-6 03810 : ₩10000

한국 현대시[韓國現代詩]

811.7-KDC6
895.715-DDC23 CIP2015031339

함께 가는 길

■ 시인의 말

『홀로 가는 길』을 내놓은 지 어언 10여년이 지났다.
『홀로 가는 길』은 이름 그대로 쓸쓸히 홀로 가고 있었다.
지켜보기 안쓰러워 길동무를 만들어주기로 하고 『함께 가는 길』이라고 제목을 붙였다.

노년에 낳은 작품들인지라 별로 탐탁하지 않으나, 그래도 버릴 수가 없어 모아두었다가 "여기 함께 있으라" 하고 『함께 가는 길』이라는 집을 만들었다.
『함께 가는 길』을 보시는 이가 있다면 못났다 흉보지 마시고 격려주시기 바랍니다.

2015년 11월
김 재 승

차 례

2 추억의 길

3 슬픈 생존

4 춘향을 찾아

1

흐르는 것은 아름답다

흐르는 것은 아름답다

길고도 높은 다리를 지날 때는
어쩐지 마음 한 구석이 숙연해져
난간에 멈춰 서서 흐름을 바라보면
강물이 흐르고 자동차가 흐른다
바람도 흐르고 별들도 흐른다

흐르는 것은 그것만이 아니여서
우리들 사랑이 흐르고 추억이 흐른다
젊음도 흐르고 인생도 흐른다

흐르는 것은 아름다운 것
그대, 흘러간 인생을 슬퍼하지 마라
그대도 가고 나도 가겠지만
생명은 다시 태어나고
생은 끝없이 흐르리.

붓

포식을 꿈꾸는 족제비가 죽어
캄캄한 먹물이나 물감을 만나면
시간과 공간을 현현하고
나라를 세우기도 한다

사마천의 손끝에서
정의가 바로 서고
안견에 의해 꿈 속의 도원을 짓기도 했던 너는
무도한 칼날에 의해
힘없이 쓰러진 적도 있었지만
마침내 날카롭지만 부드러운 털을 세워
썩은 살을 도려낸다

제 몸의 파리를 쫓던
짐승 한 마리의 꼬리가
때로는 세상을 일으켜 세우기도 하는데
꼬리가 없는 나는
여지껏 붓이 되지 못하고 있다.

윤회(輪回)

겨우내 적막한 살골짜기
하얀 눈 모습을 감추면
개울물 소리 즐겁고,
나뭇가지에 새순이 돋을 때
여기저기 꽃들이 피어나고
새들은 즐거이 짝을 찾는다

여름이 오면 아, 여름이 오면
긴 암흑의 시대가 가고
밝은 태양의 계절이 가기 전에
자유를 구가하자고,
매미들 일제히 소리친다

이제 곧 서풍이 불어오면
쌓이는 낙엽 속에 날개를 접고
영원한 안식을 취하리,
슬퍼하지 말자
우리는 행복하였고
그것이 우리들의 생이었느니.

나그네

캄캄하고 험한 정처 없는 고달픈 길
기나긴 터널을 뚫고 길을 간다
길동무 하나 둘 곁을 떠나고
무거운 짐들 하나씩 벗어 던지며
가쁜 숨을 몰아 쉬면서 간다
한 고비만 넘으면 쉬울 텐데
지나온 길이 너무 길고,
얽어 멘 고삐가 너무 질겨서
한 칼에 못 자르고 끌고 온 세월

짐 진 나그네 앞 길이 깜깜하고 험난하거든
하늘을 바라보라
어딘가 별이라도 하나 반짝이리니
별 따라 가노라면 새벽이 그대를 맞이하리
아침이 오고 햇볕이 얼굴에 입맞춤하면
미풍이 불어와 너의 머리를 흩날리고
새들이 날아와 노래할지니
짐 진 나그네
별 따라 걷고, 새벽을 기다리자.

나를 아는 이

마냥 기름진 음식을 먹고
눈물 젖은 빵을 먹어보지 못한 이는
배고픈 이의 슬픔을 알겠는가

짝사랑을 못해본 이는
외로움을 모르고
외로움을 모르는 이는
사랑을 모르리

동경을 모르는 이
사랑을 보지 못하고
사랑을 모르는 이
그리움을 만날 수 없는데
그리움을 모르는 이
어찌, 슬픔을 알겠는가

나를 아는 이
저 아득한 하늘가에 있다.

가을

찬란한 계절이 가고
푸른 나무 잎새들
하나 둘 떨어지고

매미들 노랫소리 잦아들면
풀벌레 울음소리 커지고
나는 가슴 한 구석이 무너진다

지나간 계절이
내게 준 희망과 열정이
풍성한 열매를 맺는가 싶더니
이제는 외로운 산비탈에 서서
쌀쌀한 가을 바람에
흐느끼는 억새풀이 되었다

그러나, 가거라 세월이여
은하수 가로지르는 유성처럼 나 또한 사라지지만
못다 이룬 꿈은 창공에 드높이 띄워두자
흐르는 강물이 영원하듯
우리네 인생도 영원하리니.

꽃

강물이 흐르듯
꽃잎이 바람에 날리면 나의 봄은 가고
어느덧 한 해의 저녁무렵이다

얼굴에 핏기가 가시고
잔주름이 늘어 검은 꽃이 피면
가을에 열매가 떨어지듯 인생이 간다

봄바람에 날려 길거리에 구르고
더러운 수렁에 박혀도
서러워 마라, 그건 소멸이 아니라
위대한 시작이다
영원으로 향하는 길이다

너는 말없는 미소,
짙은 향기를 보내고
아름다운 자태로 매료시키는
그리움과 사랑의 샘
생성과 창조의 근원이다.

고독

고독의 절정에 핀 한 송이 꽃
그 꽃을 피우기 위해
그대는 고통과 갈증을 인내하고
기다림의 쓴잔을 마셔야 한다

버스는 그리움의 종점에 닿고
승객들이 제 갈길을 찾아 떠난 뒤
홀로 남은 무숙자의 이정표로
구름에 가린 북극성을 찾는다

그대는 환락의 궁전에서 빠져나와
황량한 외로움의 제단에
찢어진 심장을 꺼내 놓고
쓰디쓴 쓸개를 씹는다.

고목 앞에서

중후한 자세로 의연히 서서
영원한 시간의 흔적을 온 몸에 지닌 채
수백 년 풍상을 겪은 인고의 세월도
너는 차라리 환희의 순간이었구나

훈훈한 바람이 불면
수많은 초록 깃발을 흔들어
희망의 노래를 부르고,
여름날 작열하는 햇살을 막아
서늘한 그늘을 드리워
나그네의 땀을 식혀주더니
이제 싸늘한 가을에
병들어 시든 네 잎을
바람결에 우수수 떨구는구나

곧 겨울이 온단다
네 그 화려하고 무성한 시절이 아쉽고,
모진 눈보라의 혹한이 아찔해도
꾹 참고 기다리자

봄은 다시 찾아오고
네 잎새 피울 날 오리니.

구름

그립고 외로울 땐
하늘을 바라본다
태양은 눈이 부시지만
별은 서럽도록 아름다워
그리움에 불을 지르고
외로움에 젖게 한다지만,

떠도는 구름을 바라보라
안개비 내려 초목을 기르고
청량한 여름 소나기로
살맛 나게 하거나
먹구름 천둥, 장대비 홍수로
꾸짖고 벌 주기도 하지만
흰 눈을 덮어 포근히 잠재운다

구름은 마음의 거울
빈 하늘을 떠돌면서
내 소망의 그림을 그린다
인생의 강을 흐른다.

시간(時間)

형체도 무게도 없이 시작도 끝도 없이
우주에 가득 차서 영원으로 흐른다
아무리 강한 자도 너를 이길 수 없고
도도한 너의 흐름에 역류하지 못하며
너의 굴레를 벗지 못해
종내는 너를 따라 소멸에 이른다

천체의 운행과 계절의 변화로
너를 희미하게 의식하지만
보지도 듣지도 못하는 실체(實體)없는 실재(實在)
답답한 사람들 시계를 만들었으나
그것은 한 순간의 좌표일 뿐

영원무궁한 너는
포착할 수 없는 불가사의
그러나 더없이 절박한 존재
우리는 언제나 네게 의지한다.

詩에게

망연히 앉아 있어도
의식의 깊은 샘물에
잔잔한 파문으로 온다

조용히 다가와선
어두운 마음 속에
한 가닥 밝은 빛을 비추다가
어디론가 사라지며
안타까운 그리움을 남긴다

이윽고 다시 돌아와
마음의 때를 씻어주고
영혼을 정화하며
얼어붙은 가슴을 녹여
타는 갈증을 풀어준다

나의 영원한 반려여,
누구와 더불어
이 혼탁한 강물을 건너랴.

시간의 흔적들

사라지는 모든 것은 슬프지만
사라지지 않는 것은 없어
시간은 흐르고 공간은 팽창한다
변하지 않는 것이 없어
인간은 늙어 사라지고
역사는 전설이 된다

사라지는 것은 슬프다
시간은 멈출 수 없고
공간을 좁혀 볼 수도 없다
영원한 것은 없어
살아있는 것들은 시간의 흐름엔 속절없다

그러나, 인생은 아름답고,
추억은 더욱 아름다운 것
사라지는 슬픔을 덜기 위해
아름다운 순간들을 잡아두는
시간의 흔적들.

바람

가득 차 있으면서
텅 비어 있다

잡힐 듯 잡히면서 잡히지 않고
보일 듯 보이면서 보이지 않는다
없는 듯 있으면서 생명을 주고
있는 듯 없으면서 죽음을 부른다

세상에 갓 나온 어린 아이의 울음에서
한 줄기 환한 희망을 불어넣고
운명을 재촉하는 노인의 가래가
음울하고 무서운 절망을 안겨준다.

일광폭포(日光瀑布)*에서

하늘 위의 호수
맑은 물은 누구의 마음인가
선녀들 살던 마을을
알리는 표지(標識)일까
일광폭포는 오늘도
하얀 머리 풀고 승천하는가

자연은 신비로운데,
인간사 속절없고
인생은 불가해(不可解)라지만,
여기서 투신한 젊은이들
심정을 알겠네.

*일광폭포(日光瀑布) : 일본의 일광공원에 있는 폭포. 일본의 많은 젊은이들이 이곳에서 자살했다고 한다.

두 허수아비

1.
산비탈 외로운 논밭 가운데서
누더기 얇게 걸치고
풍성한 성찬 곁에 두고도
너는 허기진 배 움켜쥐고
말없이 한 세월 떨고 섰다
군수품 지키는 경비병처럼
형형(炯炯)한 눈알을 부라리면서
한사코 접근을 거부하지만
경고를 무시하는 침입자들이
너의 팔과 머리에 실례를 해도
부동의 자세로 속만 태운다.

2.
도시의 번화한 거리에 서서
오가는 사람들 바라보며
너는 허기진 배를 움켜쥐고
주인 없는 바람만 들이키고도
허리를 굽혀 인사를 하고

양팔을 흔들며 춤을 추고 섰다
한사코 접근을 환영하지만
너의 권유를 무시하는 이들에게
한 가닥 서운한 내색도 없이
네온이 거리를 수놓을 때까지
호객을 하며 춤을 춘다.

돌무덤

험하고 가파른 외로운 산길을 걸었습니다
땀은 속옷을 적시고
다리에 천근 쇠뭉치를 단 듯했습니다
말동무라도 없나하고 휘돌아 살폈지만
산마루에 한 점 구름만 떠돌았습니다

새들도 지쳤는지 따라오지 않고
두 갈래 길만 내게 손짓하고 있었습니다
이 길은 평탄하고 무지개가 떠 있다고 유혹했습니다
갈래 길 중간에는 작은 돌무덤이 하나 있어
나는 잠시 망설이다 돌 하나를 던졌습니다
돌은 주저 없이 왼쪽으로 데굴데굴 굴렀습니다
그래서 왼쪽으로 걸어갔습니다
그 길은 험하고 무지개도 보이지 않았고
시냇물도 말라 멀기만 했습니다

나는 숱한 회한의 세월을 보내고
돌 따윈 던지지 않겠다고 다짐했습니다

〉

여러 해가 흐른 뒤
다시 그 길을 걷고 있습니다.
갈래 길은 그대로 이고
작은 돌무덤은 세월의 부피만큼 부풀어 올라
왕릉처럼 커졌습니다
수많은 사람들이 지나갔지요
나처럼 갈래 길 앞에서 돌을 던졌던 게지요
돌을 던진 게 아니라 하나의 작은 소망을 쌓았던 게지요
나는 옛날의 다짐을 잊은 채
작은 돌을 들어 왕릉처럼 큰 소망을 쌓았습니다.

홍수

비가 내린다
산에도 들에도 비가 내린다
사람들 마음속에 우수(憂愁)가 내린다

물이 넘친다
강둑에도 마을에 물이 넘친다
가난한 마음속에 비감(悲感)이 넘친다

집이 흐른다
넘치는 홍수에 집이 흐른다
폐허된 마을에 어둠이 흐른다

희망을 찾는다
폐허 속에서 희망을 찾는다
쓰라린 가슴 속에 생기(生氣)를 찾는다

마음을 다진다
이겨낸 사람들 마음을 다진다
다시금 일어설 마음을 다진다.

파리

생명을 지니고 살면서
어찌 한 점 티없이
순정(醇正)하게만 살 수 있을까만
너는 냄새나는 분뇨통이나
썩은 시체 속에 살다가
갑자기 비상하는 재주를 지녔다
변신하고 나서도
날개 접고 앉기만 하면
앞 뒷발 모두고
싹싹 빌고 또 빌면서
고개를 조아린다

너는 무슨 죄를 지었길래
천장에 거꾸로 매달려서도
뉘우치는 일이 많으니
도대체 수행 중이냐
비굴하게 사는 비참한 목숨이더냐.

어떤 부자

증심사 가는 길가
썩다 남은 다리를 내보인 한 노인이
해진 모자 손에 들고
행인들 빤히 쳐다본다

여러 차례 지나치면서
한 줌의 동정도 외면한
가난한 내 인정이 부끄러워
지폐 한 장 넣어주고 돌아서는데
연신 고개를 조아리며
무어라 중얼중얼 한다

나. 무. 아. 미. 타. 불
나. 무. 아. 미. 타. 불

마음이 가난한 내게
한없는 마음을 베풀고 있었다.

2

추억의 길

추억의 길

어린 시절 내 걷던 길
봄이면 민들레 피어있고
하늘엔 종달새 노래했지

학교 다니던 고갯길에
진달래가 서러웠고
고향노래 부르며
호젓한 산길을 달랬지

무덥던 여름 날 시내에서 멱감고
정자나무 그늘에서 공놀이하던
친구들은 어디로 가고
나만 홀로 서성이나

달 없는 캄캄한 밤
늦은 귀가 때면
동구 밖에 등불 켜들고
기다리던 어머니
이 길 따라 산으로 가시고
여적지 길만 혼자 남았네.

옛 동무들

수 십 년 지났는데
어제 인듯 느껴지네
오래된 동무들이
오늘 다시 모여 앉아
즐거운 이야기
때 가는 줄 모르네

지난 번 만났는데
오늘은 안 보이네
왜냐고 물어봐도
눈시울만 적시우며
덧없는 인생살이
되씹고만 있네.

증심사에서

어릴 적 추억이 서린
무등산 깊은 자락
고적히 자리잡은 증심사
대웅전 섬돌 위에
오늘 다시 서니
그 옛날이 새롭다

봄가을 소풍이면
찾아오던 가람
을씨년스럽게
예 대로 있는데
그날의 벗들은 어디에 있는가
오늘은 가슴만 쓰리다 가네.

산으로 가리

사시사철
산이 날 부르네

나도 산이 좋아
산에게로 가네

그 속에 들면
포근히 감싸주는 산

꽃피고 새들 노래하고
개울물 졸-졸 흐르는
산으로 가리

좋은 이 손 잡고
아니 혼자라도
산으로 가리

마지막 갈 때도
산으로 가리.

산소에서

수풀 속
부모님, 조부모님 산소
자주 찾아보지 못하다가
오랜만에 와서 보니
무덤에 잡초는 무성한데

불효를 책망하시는지
문 걸어 닫아 기척도 안하시고,
선령(先靈)들 속내를 아시는지
묘비만 우두커니 서서
먼 산을 바라보고 있다

벌초를 끝내고
상석 위에 술 한 잔 올리고
'외롭더라도 참으세오.
내년에 다시 올게요.'
돌아서는 발걸음이 무겁다.

봄날에

뉘 부르는 소리 있어
문 열고 나서니
산과 들이 날 부르고 있다

붉은 진달래
가여운 미소를 흘리고
하얀 벚꽃
구름처럼 온 산을 덮었는데
새들도 애타게
누군가를 부르고 있다

꽃그늘에 앉아
오래된 편질 읽는다.
소월의 '초혼'을 지나
채동선의 '망향'을 부르면
눈시울이 뜨거워진다

바람에 꽃잎이 날리고
봄날이 멀어져
또, 한 해가 가고 있다.

억불산 바라보며

장흥에 들어서면
수려한 강산에 도취되어
뭉클 가슴이 서늘해지고
마음속에 탄성이 서리리

포효하는 사자산이 내려보고
근엄한 제암산이 압도하나
위연히 옆에 서서
편안히 감싸주는 억불산이 지켜서 있네.

소풍날이면 찾아가는 산봉우리 그 자락
목놓아 부르던 노래와 춤,
지금도 울려 퍼지는 듯
우리들 꿈과 추억이 서린 곳

망부석 전설을 품고
오늘도 의연히 서있는데
큰 소나무는 보이지 않지만
길이길이 푸른 구름 피워 올려라.

인생

유년 시절 어머니 품속에서 자랐고
소년 시절 동무들과 놀면서 자랐다

철들자 앞날을 꿈꾸며 부지런 했으나
장년이 넘도록 직장에 묶여서 바둥댔다

흰머리 새니 힘없이 추억만 새롭고
태어나서 늙도록 아쉬움만 쌓였다

이제는 병들어 운신하기 어려우니
세월도 무심타 쏜살같이 갔구나.

사범학교시절 추억

육이오 내전이 한창이던 시절
산골 고향집에서 30리 밖을 못나가 본 나는
아득한 기억 속에 까마득한 옛날,
옆집 친구와 함께 이백 리 머나먼
선망하던 광주사범학교에 나란히 입학했네

우람한 숲속,
정원에는 꽃들이 여기저기 피어있고
처음 듣는 음악실의 피아노 소리
귀에 익은 풍금소리 가슴을 설레는데
미술실, 과학실을 둘러보곤
내 마음 부풀어 올랐네

각지에서 모여든 친구들 반가웠고
하얀 칼라에 멋진 교복의 여핵생들
지금은 어디서 늙어가고 있을까

점심 먹고 동산에 올라 잔디에 누우면
파아란 하늘에 흰 구름 떠돌고

방송실에서 흘러나온
La Traviata, Carmen, Madam Butterfly……
오페라의 아리아, 경쾌한 행진곡들
내 마음을 순화, 고양(高揚)시켰다
나는 지금도 틈만 나면
그 때의 클래식에 꿈을 꾸네

더욱 잊을 수 없는 것은 기숙사 생활
취침시간이 정해졌지만 자유시간이 많아서
독서에 심취했다
중학 시절에 읽은 안호상 박사의 논리학
김증한 박사의 법학통론,
사범시절의 김태오 박사의 미학개론,
김태길 박사의 윤리학 그리고 학교에서 배운 심리학,
박종홍 박사의 철학 개설과 논리학들
일반 논리학, 인식논리학, 변증법적 논리학 등이
내 독서의 밑거름이 되었네

내가 가장 다행스럽고 대견하게 생각한 것은

듀란트의 철학사화를 읽었다는 것
거기서 얻은 감동이 지금도 내 뇌리를 맴도네

아! 지금도 귓전에 아련히 울려오는 소리

"빛나는 광주사범 승리의 역사
패배를 모르는 투지와 정열
우리들은 그대를 지키고 있다"
응원가 이던가?
가사도 가물가물 하네.

그대

그날 이후
황혼이 질 무렵이면
대문에 기대서서
동구 밖 정자나무 밑을
하염없이 바라보는 버릇이 생겼다

그날 이후
봄이면 바람에 날리는 꽃잎에
가을이면 귀뚜라미 울음소리에
그리움을 애써 실어보내면서
미어지는 가슴을 쓸어 내렸다

거울 앞에 서서
쇠어진 흰머리카락을 감싸며
얼마 남지 않은 시간을 붙들고
오지 않는 이를 위하여
간절히 기도 드렸다.

어머니

까마득한 날 젖 빨며
엄마! 엄마!
말 배우던 시절부터
수 만 번을 불렀어도
또 부르고 싶은 이름

곁에 안 계시면
가슴은 텅 빈 허공,
얼마나 더 불러야
마음의 허공이 채워질까

어느 날
말 없이 훌쩍 떠나시더니
새까맣던 내 머리
하얗게 세도록 기다려도
돌아 오시지 않네

어린 손자 손녀들이
앙상한 내 손목을 잡고

할머니, 할아버지 하고 부르면
불현듯 생각이 나서
속으로 수 없이 불러본다.

눈 오는 날의 회상

눈이 오는 날이면,
어린 시절을 회상한다

내 고향은 먼 남쪽 두메산골
삼면이 기암괴석 병풍인양 둘러있고,
남쪽 동구 밖으론
부산들을 감고 탐진강이 흐른다

마을 앞 실개천 가에
철 따라 꽃들이 이어 피고
맑은 물이 연인들의 밀어인양 속삭인다

집을 감싼 대나무들은
겨울 밤 삭풍을 만나면
무슨 사연이 그리 많은지
해구(海丘)에 부서지는 파도처럼
쏴 쏴 소리소리 지른다

부엉이 소리에 잠 못 이루는 날

문 열고 나서면,
어느덧 눈이 내려
천지는 하얗게 반짝이고
달은 환장하게 밝아서 외로웠다

정신을 잃고 무엇에 끌리듯 헤매다가
문득 한 자리에 서 있었다

어찌된 일인가
나는 어느 대문 앞을 서성이곤 했다.

가을 밤

달빛이 푸르른데
하늬바람 쓸쓸하다
창가에 드러누워
옛날 일을 생각하니
지난 세월이
가슴을 저리게 한다

은하수 흐르는데
별똥별은 어딜 가나
아득한 인생처럼
낯선 세상 찾아가나
빈 방의 귀뚜라미는
어쩌자고 밤새워 우는가.

귀뚜라미가 운다

사랑하는 사람을 먼저 보내고
세상에 홀로 남은 이의 가을밤이
이렇게 쓸쓸하고 처량할까
창가에 기대어 차가운 달빛에 젖는데
섬돌 밑에서 귀뚜라미가 운다

가을 가고 겨울이 오면
너는 울음을 그치고
어두운 정적 속에 잠들어
명년의 소생을 꿈꾸며
고요히 한 세월 속에 침잠하겠지
말없이 소멸하여
너의 생을 완성하겠지

가을은 완성의 계절,
완성은 종말을 말하는 것
너는 종말의 만가(輓歌)를 부르는가.

고희(古稀)

부모의 몸을 나누어 갖고
세상에 풍덩 떨어진 붉은 핏덩이
맨 처음 숨쉬며 내 존재를 외칠 때
지켜보던 사람들 기쁨에 넘쳐
높이 안아 들고 마냥 축복했으리

그 때부터 날 지켜보던 사람들
날 사랑하던 사람들 모두 떠나고
그들 있던 자리에 내가 앉아있네

아들 딸 손자 손녀들이
고운 얼굴, 아름다운 음성으로
나의 장수를 빌고 있는데
수수깡처럼 마른 나는
하회탈 같은 얼굴 뒤에
어두운 그림자를 숨기고
의연한 척 앉아 있었네

해야 할 일 산더미처럼 많은데

세상이 날 찾지 않으니
내가 찾아 나서야 하겠네.

창가에 앉아

동녘에 떠오르는 햇살을 바라보며
갓 태어난 아가의 얼굴을 본다
부풀어 오르는 희망과
넘쳐 흐르는 기쁨을 본다

천지에 충만한 광명을 보지만
해가 중천에 오를 즈음
어디선가 먹구름이 일어
천둥 치며 검은 비를 내리고
매서운 눈을 뿌려
세상이 삭막해 짐을 본다
초목들이 죽은 잎을 땅에 묻는다
수백만의 금수들이 땅에 묻힌다
세상은 캄캄한 어둠이 닥치려나 보다

이윽고
서산 마루에 시뻘건 불덩이가 걸리더니
천지를 핏빛으로 물들인다
지나간 모든 쓰레기들을 태우려나 보다

나는 저 장엄한 태양을 향해
부끄러운 내 삶의 여정을 돌아보며
다가올 암흑을 생각하면서
깊은 참회의 눈물을 삼킨다.

나는 하늘나라에 가지 않겠다

물고기는 물에 살고
우리는 하늘의 깊은 밑바닥 땅에서
푸른 초목과 짐승 더불어 산다
하늘 먼 곳에는 별들이 빛나지만
물도 공기도 없고 생명이 없으니
무엇과 더불어 즐길 수 있을까
무엇과 더불어 사랑할 수 있을까

하늘 먼 곳에는 물도 공기도 없다는데
사람들 죽으면 하늘나라 가겠다 한다
지금도 이 땅에는 까마득한 옛날 사람들이
이곳이 천당인 줄 모르고 꿈속을 헤맨다
나는 하늘나라 가지 않겠다
생명이 없는 하늘나라 가지 않겠다
물을 품어 나무뿌리 감싸주고
꽃피워 열매 맺는 흙이 되겠다.

코스모스

쌀쌀한 갈바람에
흔들리는 가녀린 몸
떠난 임 그리는가
별을 헤는 깊은 밤에
풀벌레 우는 소리에
네 모습이 서럽다

길다란 한길 가에
목을 빼고 늘어서서
그 임을 기리는가
울먹이는 코스모스
차가운 달빛에 젖은
네 모습이 처량하다.

마을어귀 정자나무

마을 어귀 작은 광장 한 구석에
아담한 정자 데리고
늙은 고목 한 그루 서 있네
몇 해나 되었는지 아는 이 없고
증조할아버지 어릴 적에도
그 자리 그대로 서 있었다네

우람하고 신비스런 위엄으로
고풍스런 마을을 감싸주고
긴 세월 숱한 추억을 엮어 가면서도
서글픈 전설을 입 다문 채
그냥 그 자리에 서 있네

어느 해 유월 무더운 날 밤
네가 세 번이나 울고 난 후에
다정했던 마을 사람들 피 묻은 몸으로
하늘로 떠나갔고,
생명을 다하고 돌아갈 때도
차마 훌쩍 떠나지 못해

꽃상여로 맴돌다
맴돌다 가고
나 또한 그러하리라.

탐진강

아련한 추억의 바다에서
영원히 지지않는 별,
세월이 갈수록 짙어지는 그리움
날 품에 안아 기르던
어머니 같은 탐진강

굽이굽이 돌고 돌아
수많은 정자 밑을 지나며
깊고 깊은 시의 소(沼)를 이뤄
청춘의 꿈들을 모으고
동교(東橋) 밑에서는
한 여름밤의 향연을 베풀던
치열한 역사의 현장에서
피눈물 흘리던 탐진강

차별 없는 세상을 외치던 동학(東學)의 함성
이념의 사슬에 매인 좌우의 갈등
이제는 모두 잊고
유유히 흘러라

〉

우리의 젖줄

우리 사랑의 보금자리

장흥의 어머니여!

3

슬픈 생존

슬픈 생존

에티오피아의 오지 숲 속에
문명의 이기라곤 몇 자루의 철도끼와
화살촉 그리고 알루미늄 냄비 몇 개,
더 이상 바라지 않는 원시의 와사베 족
어느 문명인이 준 것일까
해 뜨면 일어나 수렵하고 풀뿌리 캐며
밤이면 모닥불 주변에 웅크리고 잔다

야생동물 따라 정처 없이 떠돌고
문명에 밀려 황야를 헤맨다
과거와 미래는 의미가 없고
고달픈 현재만 있을 뿐이어서
어미 등에 업힌 깡마른 아이는
수년이 지났는데 성장이 멈췄고
시체인지 살았는지 분간이 어려운데
까아만 눈동자만 깜박이면서
살아있음의 신호를 보내고 있다.

그녀는 웃고

텔레비전에서
아름다운 피아노 소리가 들렸다
“이 곳은 희아가 하루에 열 시간씩
오 년 동안 연습을 한 곡입니다”

순간 눈물이 핑 돌고
가슴이 울컥 숨이 막혔다
쇼팽의 즉흥환상곡을 하루에 열 시간 씩 오년 동안을…!
열 손가락도 부족하거늘
뻣뻣한 네 손가락으로
얼마나 고달프고 지루했을까
얼마나 슬프고 아팠을까

때로는 운명을 저주하고
하늘을 원망했으리
손가락이 부어 감각이 없어지면
네 손가락 움켜쥐고 울기도 했고
엄마와 얼싸안고 울기도 했는데
지금 활짝 웃고 있다.

허탈

세상에는
지극히 귀한 것, 천한 것이 있고
순결한 것, 더러운 것이 있지만
사람이 하는 일에 차별이 심할까,
자신만을 위한 삶이 있고
남을 위한 삶이 있다지만
일의 가치를 돈으로 잴 수는 없을 것

쓰레기를 치우는 청소부,
눈에 띄지 않는 음지에서
누군가를 위해 땀흘리는 생산 근로자
그리고 봉급 생활자,
그들이 하는 일의 가치는 얼마만큼일까

푸른 초원을 거닐면서 공놀이하는 17세 소녀는
하루에 수 천 만원을 받는다는데
그 공놀이가 그렇게 가치 있을까
옛날 성인들이
살아오신다면 무어라 하실까

기특하다며 칭찬하실까

모두들 부러워하는데
나는 어쩐 일인지 자꾸만 작아지며
마음이 허탈해진다.

자금성

한 사람의 권력이 극에 달하면
인간이기를 포기하고 스스로 선언한다
나는 하늘이다

모든 창생은 들어라
내 앞에선 고개를 들지 말고
쳐다보지도 마라

모든 살아있는 것은
나를 위하여 있다
나를 위하여 피와 살
정신까지도 저당 잡혀라

그리하여
이 장엄한 궁궐아래
엎드려 황제를 찬양하라.

무서운 말

사랑하는 이들이 한 명씩 곁을 떠나고
세상에 아는 사람 하나 없이 홀로 남는다면
얼마나 두려운 일이냐

어떤 이가
이웃들의 생명과 재산을 앗아가고
가족의 생명과 재산을 앗아 간다면
얼마나 참을 수 없는 일이냐

그러나, 상대가 아무리 무도(無道)하고
내가 아무리 화가 치밀지라도
이 말은 하지 말고 참자.
그리고 철저히 대비 하자

정말로 무서운 것은
전쟁 불사(不辭)라는 말
전쟁은 지옥보다 더한 악마!
대비를 소홀히 하는 것은
전쟁을 자초하는 일이다.

세 모녀의 죽음

반 지하의 좁고 어둔 지옥에서
가난에 쪼들리고 병마에 신음하며
쫓기고 쫓기다가 벼랑 끝에 몰리던
세 모녀, 마침내 발을 공중에 띄웠다

안녕!
지옥이여, 안녕!
그동안 희망도 기쁨도 없었네
구원의 손길도 없었네

소망과 기쁨의 실마리였으나
절망의 사슬이 되었던 걸 두고 떠났네
"주인 아주머니
마지막 집세와 공과금입니다.
정말, 죄송합니다."

70만원 돈 봉투를 두고 떠났다.

어느 소녀의 눈물

열 다섯 살 소녀가 누웠네
꿈 같은 지난날의 사연이
이젠 아픈 추억이 되어
가족과 친구들이
부럽기만 했네

소녀는 하늘을 우러러 하소연을 했네
간절히 기도를 했네
'하느님 왜 저 입니까'
'나를 낫게 해 주셔요'
'타임머신이라도 보내서
옛날로 돌아가게 해 주셔요'

마침내 소녀는
기도가 이루어진 듯
입가에 잔잔한 미소를 머금고
조용히 눈을 감았네.

*아야(亞也)라는 일본 소녀가 척수소뇌변성증이라는 불치병에 걸려 죽어간 TV연속극을 보고.

부엉이 전설

캄캄한 밤에도 밝은 눈을 가진 새
한낮에도 빌딩 숲에 가려
앞 못 보는 박쥐들을 떠나
봉화산 숲속에 살려던 새

이산 저산 편 가르지 말고
훨훨 날아 다니며
가진 자는 베풀고
못 가진 자도 살맛나는
세상을 만들자고 외쳤지만

시기와 질투 더욱 심해지고
다시 피투성이 싸우게 될까봐
걱정은 깊어지는데,
가진 자는 더욱 갖게 되고
주린 자는 더욱 허기지던 시절

밤이면 외롭게 울던
봉화산 부엉이

〉

온몸에 검은 기름 뒤집어 쓴 채
잠 잘 수도, 먹을 수도,
아무것도 할 수 없었던 부엉이
가슴 펴지 못하고
날개 부러져 추락했다

봉화마을 뒷산 바위에 새겨진
우리시대의 슬픈 부엉이 전설.

그들은 사람이 아니다

북경 소년궁 천지극장
어린 청소년들이
깜찍한 요정들처럼
재주를 부리는데
사람들은 박수를 치고 감탄을 한다

열 개의 공을 던졌다 받았다
뼈 없는 낙지인양
몸을 비비꼬다가
한 손으로 물구나무 서서
두 발로 하늘에 봉헌한다

어떻게 저렇게 할 수 있을까
숨을 죽인다
탄성이 난다
정녕 그들은 사람이 아니다
측은한 생각에 가슴이 저민다.

만리장성에서

찌는듯한 땡볕 속에서
살을 에는 칼바람 속에서
풀리지 않는 굴레를 쓰고
죽어야만 끝이 나는
노역의 끝없는 신음소리
망향의 긴-긴 한숨소리
들려온다

수많은 해골 위에 서서
꿋꿋이 지켜온 요새
오늘은 무엇을 지키려 길게 늘어서 있나
여길 찾는 사람들
성을 쌓은 이들의
만리에 뻗친 한을 알기나 하는지
바람소리만 휘휘하다.

미쳐가는 세상

대기업 회장이라는 사람이
일당 5억원짜리
노역을 시작했다는데,
토요일과 일요일은 노역이 없었는데도
십억 원의 벌금을 탕감 받는다고 하네
회장이 맡은 일은 쇼핑백 만들기,
그 쇼핑백은 오백만원짜리가 될 거란다

명품이 틀림없겠지만
벌금이란 무엇인가
해서는 안 될 일을 한 자에게
법이 벌로써 매기는 돈이 아닌가
성실하고 공평하게 변제해야 하거늘

어떤 놈은 하루 일하고 5만원 면제 받는데
어떤 놈은 하루 놀고도 5억 원 면제 받는다
어떤 놈은 5만원이 생명보다 소중하고
어떤 놈은 5억원이 휴지보다 가볍다

〉
돈이 미쳤나 사람이 미쳤나
법 앞에 만민이 평등하다는데
법이 정신을 잃었나

법을 다루는 사람들이여
서둘러 병든 법을 고쳐라
시들어 시궁창에 박히기 전에
서민들도 웃고 살 수 있게.

목 없는 멸치의 절규

운명의 그물에 걸려
끓는 가마솥에 산 채로 삶아지는 고통
몸은 뒤틀리고, 돌처럼 굳어져
목 없는 미라가 되었오

그대의 가난한 마누라는
값비싼 짐승들의 살코기 대신
가련한 우리들의 모가지들만
뜨거운 냄비 속에 삶아댄다오

우리들의 진기가 국물 속에 녹아나고
남은 해골들은 쓰레기가 되었오

그대는 들으오
부글부글 끓어대는
우리들의 슬픔을!
우리들의 분노를!

또 다른 아우슈비츠

계절 따라 비바람 치기도하고
흰 눈이 덮이기도 하지만
시원한 산들 바람이 볼을 스치고
싱그러운 풀이 자라는
탁 트인 들판이 그립다

좁디좁은 닭장
몸 가누기도 힘든 곳,
자기가 싸놓은 똥을 깔고 앉아
숨 막히는 냄새를 견디면서
살 찌는 사료만 먹으며
죽을 날만 기다리는데
간혹 병든 몸이 생기면
치료는커녕 근방에 있다는 구실로
죄 없는 수 백만의 생명
생매장하는 나라

먼 나라가 아니라
이 땅에 아우슈비츠가 있다.

그날은

모두가 통곡해야할 서러운 날
순결하고 고운 꽃봉오리들을
썩은 물에 찌든 이들이
낡은 배에 가득 실어
깊은 물에 수장시킨
부끄러운 날

오랜 세월에 걸쳐 이루어 놓은 금자탑이
우르르 무너지던 날
사람의 목숨의 가치가 돈의 힘에
여지없이 무너지고
책임과 의무가 이기심과 비겁함에
쓰레기처럼 버려지던 날

그날은
모두가 가만 있지 말고
손에 횃불 들고 튀어나와
분노해야 할 날
사람의 목숨을 Mammon에게 팔아먹은

더러운 자들을 다시는 햇빛을 볼 수 없는
깜깜한 지옥 속에 가두게 일어서야 할 날

그러나 그날은
부정과 부패, 무능과 무책임,
이기심과 비겁함의 절망 속에서도
한 줄기 희망의 빛을 보았다
제 목숨 아랑곳 없이
남을 위해 자기는 죽는
위대한 혼을 보았다
오! 거룩한 혼 박지영!
오! 영원히 산 박지영!

그날은
2014년 4월 16일
썩은 세월호가
맹골수로에 침몰하던 날.

푸른 바다가 된 아들들

오! 우리 아들
사랑하는 우리 아들
아무리 불러도 대답이 없고
잡아 흔들어도
차디차게 누워만 있느냐

문규석 상사, 김경수 중사, 안경환 중사, 김종헌 중사
최정환 중사, 민평기 중사, 정종율 중사, 강 준 중사
박석원 중사, 신선준 중사, 임재엽 하사, 손수민 하사
심영빈 하사, 조정규 하사, 방일민 하사, 조진영 하사
차균석 하사, 박보람 하사, 문영욱 하사, 이상준 하사
서승원 하사, 박성균 하사, 서대호 하사, 김동진 하사
이상희 병장, 이용상 병장, 이재민 병장, 이상민 병장
이상민 병장, 강현구 병장, 정범구 상병, 김선명 상병
박정훈 상병, 안동엽 상병, 김선호 상병, 나현민 일병
조지훈 일병, 장철희 이병아!

어서 일어나라 우리 아들들아
왜 이렇게 바다 심연의 어둠이 되었느냐

왜! 왜!

원사 이창기, 상사 최한권, 중사 박경수
하사 장진선, 일병 강태민, 이병 정태준아!

그대들은 또 어디에 있느냐
화사한 얼굴이 아니라
차디찬 얼굴이라도 보여다오
우리들은 어이하라고 종적 없이 산화했는가
눈에 밟혀 어이할거나

그들은 사라져 푸른 바다가 되었다
영혼이라도 평안 하라.

개 X 같은 세상

불 낸 놈이 "불이야" 한다더니
국권을 탈취한 자들이
툭하면 정부전복기도니 내란음모니 하며
반대세력을 때려잡는데
1980년 5월 어느 날 남영동 지하실
이 땅의 양심에게
고문 날조의 파도가 밀려와
만행이 주는 분노와 공포의 복판에서
그는 덜덜 떨고 있었다

구속영장도 가족면회도 없이
비명소리와 죽음의 정적이 뒤섞이는
밤낮없는 생지옥의 나날이 쌓이고
어설프게 엮어 놓은 사건이 검찰로 넘어가는 날
그 저주의 지옥에서
두 달만에 지상에 올라오는 순간
눈부신 햇볕과 7월의 맑은 하늘이
그의 시야를 걷잡을 수 없이 흔들었다

어디로 끌려가는지도
채워진 수갑도 의식하지 못한 채
하늘을 쳐다보게 된 것이
그렇게 반가울 수가 없었다

교도소에 들어가는 날
감방으로 데리고 가던 교도관이
"개 X 같은 세상 만나서 고생하시겠습니다"
위로인지 연민인지 모를 말을 하는데
그 "개 X 같은 세상"이라는 상말이
그에게 위로를 주었다.

*한승헌의 사랑방 증언에서

새 천년을 위한 기도

아득한 옛날 하늘 땅 열리고
사람들 무리 지어 살던 그날부터
우릴 괴롭히던 숱한 고통들이여
지난 천 년과 더불어 가거라

굶주림과 질병, 전쟁과 학살,
온갖 재앙은 가고 오지 말기를
슬픈 역사는 가고 오지 말기를

밝아오는 새 천 년부터는
천진한 어린아이들이
공포에 떨지 않게 하시고
굶주려 방황하지 않게 하소서
병들어 신음하지 않게 하소서

사람들 가슴 마다엔
한없는 사랑이 넘쳐흐르고
티 없는 웃음이 꽃 피게 하소서

맑은 대지 위엔
활기찬 생명이 가득 차게 하시며
평화와 자유의 종소리가 울리게 하소서.

슬픈 노적봉

대청에서 바라보면
덩그렁 솟아있는 앞 산
그 꼭대기 커다란 바위는
보기만 해도 배부른 노적봉인데
어느 해 배고픈 한가위날
아이들이 삼삼오오 짝을 지어 올랐다

정신없이 놀다가 점심시간이 되자
음식을 내놓고서 서로들 좋아했다
삶은 계란, 삶은 꼬막……

그런데 차례를 못 지낸 나는
빈손이었다

아이들이 바위에 앉아 군침을 흘릴 때
나는 혼자 산을 내려오는데
날 부르는 소리가 메아리 치고
뱃속에서 꼬르락 꼬르락 소리만 답하고

그 후론
해마다 한가위가 돌아오지만
노적봉엔 오르지 않았다.

그 말 한 마디

절망의 벼랑에 선 이에게
그대의 따뜻한 말 한 마디는
가뭄 뒤에 내리는 비처럼
죽어 가는 생명을 살리며
커다란 은혜로 그대에게 되돌아간다

가난에 고통받는 이에게
그대의 모멸 찬 말 한 마디는
북극에 뿌리는 눈보라처럼
한 점의 생명도 허용치 않고
섬뜩한 칼날로 그대에게 되돌아간다

절망과 가난에 신음하는 이에게
그대가 던진 말 한 마디가
재생의 생명수가 돼주기도 하고
무서운 독으로 그대에게 되돌아간다

때로 침묵해야 하고
때로 노래 불러져야 할 말들이

오늘은 검은 옷을 입고
입에서 입으로 떠도는데,
아! 그리운 그 말 한마디.

농약 마신 농부

산기슭 조그만 천수답 몇 다랑에
몸져 누운 양친의 소원이며
철없는 어린 것들 장래를
그들의 모진 목숨까지 심어놓고
하늘을 우러러 바라보고 섰다

학교를 그만 둔 아들놈은
어디로 갔는지 알 길 없고
연년이 연체해 온 농자금
짓누르는 빚더미가 너무 무거워
깊은 한숨으로 강물이 말랐다

지하수도 마르고
논밭은 푸른색을 잃었다
흙먼지 푸석푸석 연기처럼 오르고
초목이 타들고 심장이 사위니
갈증에 타는 농부 농약을 마셨다.

4

춘향을 찾아

춘향을 찾아

금강석처럼 단단하고 빛나는 사랑
밤하늘의 별처럼
가슴에 쏟아지는 사랑이 있을까
설레는 마음을 달래며
남원 광한루를 찾았다

그날의 원앙은 간 데 없고
숲 속에는 꾀꼬리도 울지 않는데
연(蓮) 없는 못에는
배고픈 잉어들만 떼지어 돌며
던져주는 먹이에 정신이 팔렸다

정절이 사라진 세상에
행여 꽃다운 그 모습 볼 수 있을까
서성이는 내 마음 아는지
가녀린 코스모스처럼 서서
수줍은 듯 미소 짓는 초상은
속삭이고 있었다

"나는 항상 그대 마음속에 있어요"

짝사랑 · 1

그대는 마술사, 그대 앞에 서기만 하면
나는 바보가 되고 가슴이 울렁거리네
상냥한 말 한 마디 모든 시름 앗아가고
향긋한 미소는 내 마음의 빙하를 녹이네

내 곁에 없어도
눈 감으면 감도는 수줍은 영상
붉은 볼에 살며시 입맞춤하면
부끄러운 듯 저만치 비껴서네

내겐 한 개의 큐피드의 살이 있다네
심장 깊숙이 쏘아 주고 싶지만
아!
멀리 멀리 있는 그대에게 미칠
강한 활이 없다네

꿈속에서 부르는 그대 이름
허공은 멀고 넓어서
아련한 메아리로 떠돌고 있네.

짝사랑 · 2

당신은
가슴이 미어지도록
그리워 해 본적이 있나요

맑은 눈동자에
이슬이 맺히도록
누굴 동경해 본 적이 있나요

언제까지나,
언제까지나 기다린다고
다짐 해 본 적이 있나요

외로움에 젖어
정처 없이 밤길을
헤매 본 적이 있나요

밤하늘엔 별도 빛나지 않고
바람은 차갑기만 하고
내 작은 라디오는

슈베르트의 가곡을 들려주지만
아무런 위로가 안 되네요.

마음의 벗에게

그대의 시집을 받아들고
수 십 년만에 만난 친구의 얼굴인 듯
가슴이 뛰고 아득한 추억이 솟았네

초등학교 일 학년 때의 한 장면
(말하기는 좀 민망한 것)
중학교 3학년 때의 소풍에 대한
그대의 잊혀지지 않는 글
그리고 성년이 다 된 한 때의 모습이
내 꿈속에 한 베아뜨리체로 남았었네

'바람 부는 언덕에서'
그대가 외치는 절규를 듣고
나는 속으로 울었고
'필라의 햇빛과 할머니'의
따뜻한 온정과 손길을 느끼며
깊은 존경과 친근감
아니, 그대의 굳건한 의지와 투지력
그리고 빛나는 성취에 대하여

숙연한 경외감을 느꼈다오

밤하늘의 별처럼 영롱한 글을 써서
메마른 가슴들에 안겨주어
큰 감동을 주시기를.

무정한 사람

잊으려 해도
더욱 또렷해지는 샛별처럼
반짝이는 환영,
아른거리는 모습

아득한 추억의 골짜기에서
들려오는 개울물 소리처럼
귓가를 울리는 환청,
명랑한 웃음소리

이제는 소용없는 바람
유명(幽明)을 달리하여
멀리 멀리 떠났다는
소식만 남기고
내 꿈에서 사라졌다.

길

오는 길에 마주칠까
가는 길에 마주칠까
오늘도 가신 임
그리워지네

오는 길에 들국화
가는 길에 들국화
길가에 외로 서서
흐느껴 우네

가는 길 오는 길에
가신 임 만날 지고
해 진 줄 모르고
기다려 섰네.

촛불

지글지글 촛불이 탄다
여린 미풍에도 몸 가누지 못해
빛을 잃기도 하지만
꺼지지 않는 촛불이
여기저기 옮겨 붙어 강을 이룬다

세상이 너무 어두워
길 잃은 이들을 위하여
모두들 불을 밝혀 거리로 나왔다
혼자서는 빛이 약해 어둡다고
무수한 촛불이 모여
별이 되어 은하수를 이룬다

도도한 저 별의 강물
태풍도 폭우도 저 빛 끄지 못하리,
세상이 낮처럼 밝아지는데
눈 뜬 청맹과니들 보지 못한다
별빛이 빨갛다고 매도하고
뜨거워 위험하다고 물대포 쏘아댄다

생명수 같은 은하수여,
온 세상을 적시며 흘러라.

첫 눈

앙상한 나목들이
불러대는 휘파람 소리가
고요히 사그라지더니
하얀 천사들이
하늘하늘 춤추며 내려온다

드높은 산마루에서
허허로운 벌판에서
아득한 내 마음의 심연에서
힘차게 울려오는
환희의 송가를 듣는다
평화의 나팔소리를 듣는다

어디선가
어린아이들의 환성이 울리고
포근한 축복이 누리에 퍼지면
나는 기도하는 마음으로
하늘을 향해
길고 뜨거운 포옹을 한다.

소금

지상에서 가장 순결한
생명의 자궁 바다에 녹아들어
은연히 만물을 키우는 너는
태양과 바람의 사랑으로 잉태된
썩지 않는 정신

상처를 쓰리고 아프게 하지만
깨끗이 치유하고
온갖 부정부패의 유혹 앞에 초연해
그것을 도려내는 예리한 칼날

세상이 진흙탕이어도
우리는 너로 인하여 살맛나고,
아름다운 연꽃을 피워 올리며
숲 그늘에서 꾀꼬리 노래를 듣는다

황금보다 값진 나의 친구여,
네가 사라진다면 살아 움직이는 모든 것들
생명이 시들어 빛을 잃을 것이다.

오래된 옷

옷장 한 쪽에 수줍은 듯 송구스러운 듯
잊혀진 이름처럼 비켜서있는
너도 옛날에는 사랑 받던 적이 있었지
패션인지 유행인지 주견 없는 세풍 따라
널 잊고 모른 척 했다

그래도 내 허물을 본 듯 정감이 들어
무심코 네 품속을 더듬고
식어가는 체온을 아쉬워했다

감추어둔 비상금을 살며시 내밀어 줄 양이면
고맙고 반가울 수가 없고
사랑했던 사람에게서 왔던 연서라면 더 말해 무엇하랴
네가 준 빛바랜 사진 한 장
시간의 터널 속으로 말 없이 이끌어
아련한 추억의 나라를 방황케 했다

그러던 어느 날
질투하던 아내가 너희들을 버린 날

허전한 농 속을 바라보면서
허물 벗은 매미처럼 속으로 울었고
기억 상실증에 걸린 듯
아득한 실마리를 찾아 헤맸다.

모기

너는 전생에 무슨 죄를 지었기에
썩은 물 속에서 허우적이다
괴상한 변태를 하고 나서는
밝은 빛이 두려워
음침한 숲 속을 헤매거나
캄캄한 밤에 비명(悲鳴)으로 떠돌고
생명을 거는 공포에 떨면서
사람의 피를 빨고 사느냐

꽃 속의 나비처럼 꿀을 마시면서
춤추는 신세는 아니라도,
잠자리처럼 몸집이나 크다면
작은 벌레나 잡아먹고 살 것을
무슨 저주스런 운명이
사람의 피를 빨고
무서운 역병까지 돌리느냐

어쩌다
한 모금의 피를 배속에 넣었어도

번개 같은 사람의 손뼉을 어떻게 피하며
에프 킬러의 독가스는 어이하랴
빨았던 피가 소화도 되기 전에
피와 함께 뭉개져 형체 없이 사라지거나
독가스에 질식되어 방바닥에 구르니
기구한 운명이구나.

마라난타 존자상 앞에서

아득한 옛날
동방의 해 뜨는 나라
백제 침류왕 원년,
인도의 스님 마라난타 존자가
영험한 광명을 따라
불법을 모시고
큰 배 타고 한 포구에 오시니
영광의 법성포라

순진하고 선량한 배달겨레
밝은 진리 받아 깨치고 널리 펼치니
온 세상이 빛나는 불국토가 되었다가
무도한 당나라의 검은 칼날 아래
나라가 망하고 빛이 시들더니
천 수 백년이 지난 오늘에
남은 불씨 다시 살려
세상을 비추기 시작하네

아! 마라난타 존자여

그대 여기 처음 오셨을 때
이곳은 초라한 포구였을 터
오늘 환생하여 이곳을 보신다면
당신의 감회는 어떠할까.

망초꽃

꽃은 꽃이로되
화분은 그만두고
거친 산야에 버려져
뻐꾸기 울음에 젖어
조용히 흐느끼고 있구나

빨주노초파남보
무지개 색으로 곱기나 하든지
구절초 꽃처럼 크기나 했으면
사랑 받을 수 있으련만,
하얀 소복으로 구름처럼 모여서
외로움을 달래고 있구나

사람들 가슴에서 멀어져 황량한 빈 터에
지천으로 핀 망초,
네 강인한 생명력으로
모두의 희망을 열려느냐

망초야!

슬퍼하지 마라
사람들 너희를 외면해도
자연은 거두고 품느니라.

봄의 섬진강

휘돌아 흐르는 섬진강
강물은 햇살 받아 은빛으로 반짝이고
흰 모래밭 비단처럼 부드러운데
지리산은 노란 산수유로
백운산은 하얀 매화꽃으로
긴 치맛자락 두르고
물 속에 고요히 잠겼다
하, 어질어질 봄 향기에 취한 나그네
모래밭을 서성인다

하얀 물새 몇 마리
바위에서 물끄러미 강물을 주시하고
꽃빛 날빛에 취한 사람들의
흥겨운 노래 소리에
강가 마을은 술렁이고
화계장에 모인 두 고을
사투리끼리 엉겨 정겹다.

대원사에서

벚나무 숲 터널을 지나
천봉산 깊은 골짜기
천 년 고목들 늘어서서
그리운 듯 팔 벌려 맞는다

까마득한 천 오백 년 전쯤이랬던가
백제의 아도화상이
부처의 말씀으로 지은 가람

역사의 비바람과 서릿발에
이 산중에도 흥망이 비껴가지 않았지만
오늘은 연꽃처럼 화사하게 피어나는 가람

절 귀퉁이에
영혼의 안식을 찾아 줄지어 가는
가엾게 죽은 태아들의 혼령을 위로하는
천도제 염불소리에
절간에서 얻어먹는 밥이
목구멍에서 넘어가지 않는다.

대흥사에서

피안교(彼岸橋) 접어드니 세속은 아득하고
길고 긴 숲 속 길이 극락으로 가는가
사천왕 부라린 눈을 마음 조이며 지났다

두륜산 자락이 따뜻하게 감싸주고
고색은 창연한데 인적은 한가하여
솔바람 풍경소리 옛 벗인 양 반긴다

대웅전 섬돌 위에 옷깃 여며 올라서니
은은한 향내가 법당 안에 가득하고
합장한 스님 한 분 무심한 듯 앉았다

때묻은 육신을 맑은 물에 씻어내고
부처님 밝은 진리 마음속에 간직하여
억만 겁 돌고 돌아 극락왕생 하련다

세속에 젖은 몸이 탈속인들 쉬울까
서산에 해지니 산바람이 차갑고
종소리 멀리 퍼지니 고향집이 그립다.

구채구에서

세상 어딘가에
이런 곳이 있을 것이라고
상상이나 했던가

이 절경, 이 비경을
지은 이는 누구일까
전능하신 신이실까
영원한 시간일까

금쟁반 은쟁반에
진주 구슬 흘러 내리고
호수는 산과 구름 품어
나무들은 오색으로 빛난다

떨어지는 폭포수에
간담이 서늘한데
나는 신선이 된 듯
때가는 줄 모르고
망연히 젖어 있었다.

외아들 현석에게

네 학생시절은
노트 없는 학생이었으되
성적은 항상 우등이었고
지도력이 좋아
실장 등 간부는 맡아 놓고 해서
나는 늘 못마땅해했지

대학 학생회장 시절
학생 운동 주동으로
경찰서로 오락가락 하느라
네 어미 속을 태웠다

학교를 졸업하고
취직시험 준비로
인쇄본 보다 잘 된 노트를 만들더니
좋은 직장을 얻었고
상냥하고 현숙한 신영미를 맞아
슬하에 지성이, 영현이를 두었으니
이보다 더 무엇을 바라리.

〉

과욕은 부리지 말고
근면하고 성실하게 일하고
정의로운 삶을 살기 바란다.

큰 딸 현옥에게

너는 내게 자랑스러운 걱정거리
너무 예뻐서
너무 공부를 잘해서
너무 자존심이 강해서
남의 눈총을 받을까봐
시기를 받을까봐
질투를 살까봐
나는 너를 엄하게 대했지
그러나 괜한 걱정을 했지

너는 보다 정숙하게 자랐고
나의 재정적 무능이
너의 꿈을 꺾었지만
너는 최선의 길을 걸었고
듬직하고 미더운 박병순을 남편으로 맞아
슬하에 자랑스럽고 귀여운
박주영, 박원영을 두었으니
행복하지 아니하냐.

둘째 딸 현에게

귀여운 재롱둥이 셋째
가족들이 어딜 간다하면
제일 먼저 앞장서 나서고,
가르치지 않았어도
길거리 간판으로
한글을 깨우쳐서
널 속일 수가 없었지

항상 깔끔한 너는
명랑하고 쾌활함은 누구를 닮았을까
지능검사 1등이라고 자랑하면,
"머리만 좋으면 무얼 해
근면이 더 중요해" 하고
핀잔을 준 것이 미안하다

너도 참 행복할 거야
너그럽고 다정한 임선택을
임으로 선택했고
슬하에 임채원, 임채윤을 두었으니
모두들 부러워할 거야.

막내 딸 현정에게

귀엽지 않고 소중하지 않은
자식이 있을까마는
그래도 늦둥이 너는
귀염을 받지 않을 수 없었지

교내 일제고사 때는
항상 전교 1등 학력왕이 되어
현관 벽에 사진과 함께
네 이름이 붙어있어
내 어깨를 으쓱하게 해주고
삶의 노고가 기쁨이 되었지

사랑하는 내 딸 현정아!
현재의 고독과 적막함이
환희와 열락으로 가득하리니
준영이와 더불어
굳건하게 나아가자!

|해설|

인생관조의 미학과 본향에의 그리움

-김재승 시집 『함께 가는 길』을 중심으로

강 경 호
(시인, 문학평론가)

1.

김재승 시인의 이번 시집에서 가장 주목되는 시편들은 인생을 관조하는 것들이다. 팔순에 이른 삶을 살아내면서 그가 깨달은 것들이어서 그의 정신세계를 들여다볼 수 있다. 감정을 절제한 시편들은 그러므로 삶을 객관적으로 바라본다. 또한 계절이 순환하듯, 또는 물이 높은 데에서 낮은 데로 흐르듯 자연의 순리와 섭리에 순응하는 태도를 보여준다. 더불어 단독자 인간의 삶은 혼자서 세상풍파를 만나 스스로 그것을 극복하는 것이라는 극복의지를 드러내기도 한다. 그러면서도 팔순의 회한과 아쉬움을 표출하기도 한다.

먼저 그가 지금껏 살아온 날들을 통해 깨달은 인생을 어떻게 이해하는지를 보여주는 「흐르는 것은 아름답다」를 읽는다.

길고도 높은 다리를 지날 때는
어쩐지 마음 한 구석이 숙연해져
난간에 멈춰 서서 흐름을 바라보면
강물이 흐르고 자동차가 흐른다
바람도 흐르고 별들도 흐른다

흐르는 것은 그것만이 아니여서
우리들 사랑이 흐르고 추억이 흐른다
젊음도 흐르고 인생도 흐른다

흐르는 것은 아름다운 것
그대, 흘러간 인생은 슬퍼하지 마라
그대도 가고 나도 가겠지만
생명은 다시 태어나고
생은 끝없이 흐르리.

-「흐르는 것은 아름답다」 전문

화자는 "길고도 높은 다리를 지"난다. "길고도 높은 다리"는 강 위에 있는 것이어서 강물을 조망할 수 있는 장소이다. 그곳에서 바라보면 "강물이 흐르고 자동차가 흐"르는 모습은 물론 "바람도 흐르고 별들도 흐"르는 것이 보인다. 그런데 화자는 왜 "마음 한 구석이 숙연해"지는 걸까. '흐름'을 보는 까닭이리라. 이때 화자는 흘러가는 것들만을 보는 것이 아니다. "사랑"과 "추억", "젊음", "인생"이 흐르는 것을 보고 있다. 다시 말해 화자는 다리 위에서 쉬임없이 흐르는 것들을 보면서 강물처럼 흘러가는 "인생"과 그 속에 깃든 '사랑', '추억', '젊음'이 강물 같다는 생각을 하는 것이기 때문에 마음 한 구석이 숙연해지는 것이리라. 이는 인생이 무엇인지를 깨달은 사람만이 느낄 수 있는 소회일 것이다. "길고도 높은 다리"는 하나의 길, 즉 인생길의 한 구비여서 삶을 관조하는 지점이기도 하다. '다리'는 불안하고 위태롭기도 한 길이지만 자신의 삶을 통찰할 수 있는 장소이기도 하여 자신은 물론 주변을 조망할 수 있어 자신의 삶을 되돌아보거나 관망할 수 있는 공간이기도 하다.

화자는 "길고도 높은 다리를 지"나면서 자신을 뒤돌아보며 "흐르는 것은 아름다운 것"이니 "흘러간 인생은 슬퍼하지 마라"고 한다. 인생이 지나가는 것으로 해서 생명이 끝나는 것이 아니여서 "생명은 다시 태어나고/생은 끝없이 흐르"기 때문이라고 해석한다.

다음의 「붓」은 가치있는 삶이 무엇인지를 일깨우며 아직 거기에 이르지 못한 자신을 성찰한다.

포식을 꿈꾸는 족제비가 죽어
캄캄한 먹물이나 물감을 만나면
시간과 공간을 현현하고
나라를 세우기도 한다

사마천의 손끝에서
정의가 바로 서고
안견에 의해 꿈 속의 도원을 짓기도 했던 너는
무도한 칼날에 의해
힘없이 쓰러진 적도 있었지만
마침내 날카롭지만 부드러운 털을 세워
썩은 살을 도려낸다

제 몸의 파리를 쫓던
짐승 한 마리의 꼬리가
때로는 세상을 일으켜 세우기도 하는데
꼬리가 없는 나는
여지껏 붓이 되지 못하고 있다.

-「붓」 전문

이번 시집을 통털어 가장 빛나는 작품으로 여겨지는 이 작품은 김재승 시인이 인생에서 무엇을 가치있게 여기는지를 잘 보여준다. 화자는 '붓'을 바라본다. 주지하다시피 '붓'은 족제비나 쥐 등의 짐승의 털을 이용하여 만든다. 사랑있는 것이면 모두가 포식을 꿈꾼다. 포식이야말로 생존의 가장 기본이기 때문이다. 이렇듯 족제비도 자신의 욕구를 채우기 위해 포식하려 하지만 죽은 후에는 붓이 된다. 족제비 꼬리로 만든 붓은 그 품질이 우수하여 많은 사람들이 찾는다. 붓을 통해 글씨를 쓰고 그림을 그리는데, "사마천의 손끝에서/정의가 바로 서고/안견에 의해 꿈 속의 도원을 짓기도 했"다 알다시피 중국의 사마천은 고약한 형벌을 받았지만 일생 동안 역사서인 『史記』를 썼다. 그 양이 방대하고 정확해서 동아시아 고대사를 연구하는데 가장 중요한 역사책이다. 안견 역시 「무릉도원도」를 그려 조선 초 우리나라 회화를 빛냈다. 사마천이나 안견은 붓을 통해 인류의 보편적 가치와 미적가치를 드높였다. 물론 붓이 수난받던 시대도 있었지만, 그러나 제대로 된 붓은 "마침내 날카롭지만 부드러운 털을 세워/썩은 살을 도려낸다" 붓은 칼과 총보다 더 강력한 무기이기 때문이다. 즉 무력이나 폭력보다 진리와 정의의 편에 선 것이 부드럽지만 강한 붓이다. 그런 까닭에 "제 몸의 파리를 쫓던/짐승 한 마리의 꼬리가/때로는 세상을 일으켜 세우기도" 한다고 한 것이다. 그런데 화자는 "여짓껏 붓이 되지 못하고 있다." 하여 시적 기표인 붓의 기의가 "무도한 칼날"에도 굴복하지 않는 경지에 오르지 못했다고 자성하고 있다.

이밖에도 「나그네」에서는 "짐 진 나그네/앞길이 깜깜하고 험난하거든/하늘을 바라보라" 하고, 「고목 앞에서」는 "모진 눈보라에 혹한이 아찔해도/꾹 참고 기다리자" 한다. 「홍수」에서도 마찬가지로 "폐허 속에서 희망을 찾는다"는 등 인고의 시간을 견디면 행복하고 평안한 시절이 올 것이라며 극복의지를 내보인다.

이러한 정신과 함께 생을 노래한 시편에서는 순환과 윤회, 그리고 영원성을 투사시킨 작품으로는 「윤회」, 「시간의 흔적들」 등이 있다. 「윤회」에서는 무성한 계절이 가고 겨울이 와도 슬퍼하지 말자고 한다. 그것은 소멸과 죽음이 아니라 '영원한 안식'이기 때문이라고 하고, 「꽃」에서는 "얼굴에 핏기가 가시고/잔주름이 늘어 검은꽃이 피"며 인생이 가도 그것은 또 다른 시작이며 "영원으로 향하는 길"이라고 한다. 「시간의 흔적들」에서는 이 세상에 사라지는 일은 슬프지만 그러나 그 흔적들이 남아있기 때문에 시간의 흔적에는 아름다웠던 시절들이 남아있을 것이라고 하며, 노년에 이른 시인이 가치 있는 생을 살았다면 자연의 섭리에 순응해야 한다고 말한다. 생의 흐름 속에서 죽음 쪽으로 향하는 일은 결코 슬픈 일이 아니라고 하는 것은 어쩌면 시인이 스스로를 위안하는 일이 아닐까.

2.

김재승 시인의 이번 시집에서는 유독 고향과 유년의 추억들을 회상하는 시편들이 많다. '청년은 꿈을 먹고 노인은 추억을 먹고 산다'는 말처럼 노년에 이른 시인은 젊은시절 열심히 살아오는 동안 고향과 유년을 뒤돌아보지 못했을 것이다. 그러다가 문득 고향과 유년을 생각하여 그리워하는 것은 그 시절이 인생에 있어서 가장 순수하고 맑은 영혼을 지닌 시절이었기 때문인데, 이는 인생 저녁무렵에 와서야 바쁘게 살아온 자신의 삶을 다시금 통찰하기 때문이다. 주지하다시피 고향과 유년시절은 헛된 욕망이 배제된 순수한 공간이며 시간이다. 더불어 자신을 낳고 성장시켜준 모태의 공간이기에 누구나 노년에 이르면 본향을 그리워하며 추억한다.

어린 시절 내 걷던 길
봄이면 민들레 피어있고
하늘엔 종달새 노래했지

학교 다니던 고갯길에
진달래가 서러웠고
고향노래 부르며
호젓한 산길을 달랬지

무덥던 여름 날 시내에서 멱감고
정자나무 그늘에서 공놀이하던
친구들은 어디로 가고
나만 홀로 서성이나

달 없는 캄캄한 밤
늦은 귀가 때면
동구 밖에 등불 켜들고
기다리던 어머니
이 길 따라 산으로 가시고

여적지 길만 혼자 남았네.

-「추억의 길」 전문

어린 시절엔 자연을 욕망의 대상으로 바라보지 않는다. 그렇기 때문에 "봄이면 민들레 피어있고/하늘엔 종달새 노래"와 함께 할 수 있었다. "학교 다니던 고갯길에/진달래가 서"러운 것 조차 교감하고 있다. 여름날 시내에서 멱 감고, 정자나무 그늘에서 공놀이 하던 추억들을 다시금 떠올리며 그때 함께 했던 친구들을 그리워한다. 고향에서는 많은 추억들이 있었는데 "달 없는 캄캄한 밤/늦은 귀가 때면/동구 밖에 등불 켜들고/기다리던 어머니"를 회상한다. 그러나 어머니는 이제 "산으로 가시고/여적지 길만 혼자 남았"음을 회한하듯이 추억한다. 유년 시절 고향에서의 행복하고 아름다웠던 기억들을 뒤로 하고 "나만 홀로 서성이"는 오늘 화자는 그리움과 외로움의 정서에 휩싸여 지난 시절을 추억하고 있는 이 작품의 배면에는 지나가버린 시간이 놓여 있다. 「흐르는 것은 아름답다」에서처럼 "젊음도 흐르고 인생도 흐"르는 것이어서 변하지 않는 것이 없지만 어쩌면 그런 까닭에 그리워하고 그것을 아름답다고 하는 것이리라.

고향과 유년을 그리워할 때 빠질 수 없는 것이 '어머니'이다.

까마득한 날 젖 빨며

엄마! 엄마!
말 배우던 시절부터
수 만 번을 불렀어도
또 부르고 싶은 이름

곁에 안 계시면
가슴은 텅 빈 허공,
얼마나 더 불러야
마음의 허공이 채워질까

어느 날
말 없이 훌쩍 떠나시더니
새까맣던 내 머리
하얗게 쇠도록 기다려도
돌아 오시지 않네요

어린 손자 손녀들이
앙상항 내 손목을 잡고
할머니, 할아버지 하고 부르면
불현듯 생각이 나서
속으로 수 없이 불러본다.

-「어머니」 전문

사람이 태어나서 맨 처음 부르는 소리가 '엄마'이다. 뿐만 아니라 정서상 아버지보다도 어머니를 더 찾는 경향이 있다. 그런 까닭에 “말 배우던 시절부터/수 만 번을” 부른다. 불러도 또 부르고 싶은 것이 어머니이다. “곁에 안 계시면/가슴은 텅 빈 허공,” 같았다고 고백한다. 그런데 어머니는 곁에 계시지 않는다. “어느 날/말 없이 훌쩍 떠나시더니” 많은 시간이 지나가도 다시 돌아오지 않는다. 그러다가 문득 손주들이 “할머니, 할아버지 하고 부르면/불현 듯 생각이 나서” 마음으로 어머니를 수없이 불러본다. 돌아가신 어머니에 대한 그리움의 정서가 흠뻑 묻어난다.

어머니라는 존재는 단순히 생물학적으로 나를 낳은 사람의 의미를 뛰어넘는다. 일반적으로 어머니는 생명의 시원이며, 본향의 의미를 지닌다. 더불어 희생과 사랑의 의미도 지녀 사람은 생명이 다할 때까지 잊지 못한다. 어머니의 품을 떠나 살아갈수록 어머니라는 존재가 더욱 크게 다가오는 것은 그런 이유 때문이다.

이밖에도 김재승 시인의 고향과 유년의 시편들 중 「옛동무들」, 「증심사에서」, 「눈 오는 날의 회상」, 「탐진강」, 「억불산을 바라보며」에서는 고향을 떠나 살면서 다시금 고향과 어린 시절을 회상하며 회억한다.

3.

김재승 시인의 시편에서 빼놓을 수 없는 것은 사회성을 드러내는 것들이다. 모순과 부조리에 찬 사회를 바라보며 때로는 매섭게 꾸짖기도 하지만 소외된 사회적 약자들에게는 뜨거운 연민을 보낸다. 주지하다시피 시의 사회적 상상력은 우리 사회의 그늘에 빛을 비추고 그것들을 살피는 것이다. 김재승 시인은 첫 시집 『홀로 가는 길』에서도 중심부에서 벗어난 소외되거나 사회적 약자들, 그리고 불의에 대해 관심을 보여왔다. 이번 시집의 「슬픈 생존」, 「그녀는 웃고」, 「세 모녀의 죽음」, 「부엉이 전설」, 「어느 소녀의 눈물」, 「그들은 사람이 아니다」, 「만리장성에서」, 「미쳐가는 세상」, 「또다른 아우슈비츠」, 「농약 마신 농부」, 「그날은」, 「푸른 바다가 된 아들들」, 「개 X 같은 세상」 등이 그것들이다.

반 지하의 좁고 어둔 지옥에서
가난에 쪼들리고 병마에 신음하며
쫓기고 쫓기다가 벼랑 끝에 몰리던
세 모녀, 마침내 발을 공중에 띄웠다

안녕!
지옥이여, 안녕!
그동안 희망도 기쁨도 없었네
구원의 손길도 없었네

소망과 기쁨의 실마리였으나
절망의 사슬이 되었던 걸 두고 떠났네
"주인 아주머니
마지막 집세와 공과금입니다.

정말, 죄송합니다."

70만원 돈 봉투를 두고 떠났다.

-「세 모녀의 죽음」 전문

세간에 떠들썩 했던 세 모녀의 죽음을 언론매체를 보고 쓴 작품이다. "반 지하의 좁고 어둔" 방에서 가난과 병마에 시달리다가 스스로 목숨을 끊은 가족의 이야기가 이 작품의 모티브가 되었다. 이 작품에서는 구체적으로 어떤 사연이 있었는지를 서술하지 않고 있지만 구원의 손길도 없이 절망하다가 삶을 마감한 가족의 비극을 아프게 그려내고 있다. 그런데 우리를 더욱 가슴 아프게 하는 것은 죽음의 길에서 집 주인에게 "마지막 집세와 공과금입니다./정말, 죄송합니다." 쪽지를 남긴 것이다. 세 모녀의 죽음은 돈 때문에 빚어진 일이다. 누군가에게는 돈이 넘치지만 많은 사람에게는 그것이 절실하여 어쩌지 못하는 사회 구조의 모순으로 인하여 세상을 버리는 비극이 흔하게 일어나고 있는 것이 오늘 우리 사회이다. 정직하게 서술한 이 시편은 자본주의의 폐해와 더불어 비정하고 삭막한 현대의 내면을 실랄하게 드러내고 있다.

김재승 시인은 우리나라 사회문제 뿐만 아니라 아프리카에서 어렵고 비참하게 살아가는 사람들의 모습도 담아내고 있다. "문명의 이기라곤 몇 자루의 철도끼와/화살촉 그리고 알루미늄 몇 개"뿐인 와사베족은 원시인들처럼 수렵하고 풀뿌리를 캐 먹으며 살아가는 부족이다. 주거도 열악해 밤에는 모닥불 곁에서 웅크리고 잔다. 그런데 그들은 "문명에 밀려 황야를 헤매"고 있다. 그들에게 미래는 없어 오직 현재의 상황만이 중요하다. 살아남아야 하기 때문이다. "어미 등에 업힌 깡마른 아이는/수년이 지났는데 성장이 멈췄"다. 마치 시체처럼 까만 눈동자만이 아직 살아있음을 말해 줄 뿐이다. 비참하고 고달프게 살아가는 와사베족의 삶을 보여주는 이 작품은 최첨단을 걷는 문명사회에서는 생각하기 힘든 모습으로 하루하루를 위태위태하게 살아가고 있다. 국제사회에서 구호의 손길이 미치지 못하는 수많은 사람들이 아직도 굶어가고 있음에 화자는 그들의 삶을 문명사회에 다시금 각성을 일깨우고 있는 것이다.

4.

지금까지 살펴본 것처럼 김재승 시인의 시적 세계는 노년에 인생을 관조하는 시편, 고향과 유년을 회상하는 시편, 그리고 사회성을 드러내는 작품들이 주류를 이룬다.

이 외에도 그의 시적 프리즘에는 연시풍의 시편, 생명의식을 보여주는 시편, 자연을 노래한 시편들도 눈에 띈다.

특히 「짝사랑 · 1」, 「짝사랑 · 2」, 「무정한 사람」 등은 노년에 이른 그이 가슴 속에 여전히 뜨거운 사랑의 불꽃이 타고 있음을 보여주고 있어서 재미있게 읽힌다.

그대는 마술사, 그대 앞에 서기만 하면
나는 바보가 되고 가슴이 울렁거리네
상냥한 말 한 마디 모든 시름 앗아가고
향긋한 미소는 내 마음의 빙하를 녹이네

내 곁에 없어도
눈 감으면 감도는 수줍은 영상
붉은 볼에 살며시 입맞춤하면
부끄러운 듯 저만치 비껴서네

내겐 한 개의 큐피드의 살이 있다네
심장 깊숙이 쏘아 주고 싶지만
아!
멀리 멀리 있는 그대에게 미칠
강한 활이 없다네

꿈속에서 부르는 그대 이름
허공은 멀고 넓어서
아련한 메아리로 떠돌고 있네.

-「짝사랑 1」 전문

오늘날 시인들이 연시를 잘 쓰지 않는 경향이 있다. 연시를 쓰게 되면 왠지 유치하고 진부하다고 생각하기 때문이다. 그러나 서정시의 핵심에는 연시가 있다. 사랑하는 감정은 에로스적인 사랑에서 가장 절실하고 아름답기 때문일 것이다. 늦은 나이에 연시를 노래하는 일은 결코 쉽지 않았을 터이지만 시인은 젊은이처럼 사랑의 감정을 되살리고 있다. 물론 이 작품의 시인 자신의 이야기가 아닐 것이다. 어쩌면 청춘시절의 이야기를 회상하여 쓴 작품일 수도 있다.

화자는 아직 자신을 바라보지 않는 사람을 혼자 바라보면서 가슴앓이를 하고 있다. 화자는 "그대는 마술사"라고 한다. 그의 앞에 서면 자신이 바보가 되어버리고 "향긋한 미소는 내 마음이 빙하를 녹이"기 때문이다. 아름다운 사람은 곁에 없어도 "수줍은 영상"이 떠오르고 부끄러워하는 모습이다. 그런 까닭에 더욱 그를 연모하는 것이리라. 이렇듯 아름답고 사랑스러운 사람이지만 아직 다가가지 못하는 것은 "큐피트의 살"이 있지만 "강한 활이 없"기 때문이다. 그런 까닭에 사랑을 갈구하지만 화자는 가까이 다가가지 못하고 꿈 속에서 그대를 부르는 것이다. 주지하다시피 '사랑'은 생명성을 의미한다. 생명에게 사랑이 삶의 원초적인 DNA이가 되기 때문이다.

생명성을 노래한 시편 중에 「망초꽃」은 망초꽃을 의인화시켜 생태적 환경과 생명에의 의지를 묘파하고 있다.

꽃은 꽃이로되
화분은 그만두고
거친 산야에 버려져,

뻐꾸기 울음에 젖어
조용히 흐느끼고 있구나

빨주노초파남보
무지개 색으로 곱기나 하든지
구절초 꽃처럼 크기나 했으면
사랑 받을 수 있으련만,
하얀 소복으로 구름처럼 모여서
외로움을 달래고 있구나

사람들 가슴에서 멀어져 황량한 빈 터에
지천으로 핀 망초,
네 강인한 생명력으로
모두의 희망을 열려느냐

망초야!
슬퍼하지 마라
사람들 너희를 외면해도
자연은 거두고 품느니라.

-「망초꽃」 전문

화분에서 자라는 꽃은 인간의 손길에 의해 아름답게 자란다. 또한 인간과 함께하고 있기에 외롭지 않다는 생각을 갖게 한다. 그런 까닭에 화자는 "화분은 그만두고/거친 산야에 버려져," "조용히 흐느끼고 있"다. 물론 화자의 느낌이

겠지만 그렇게 인식되고 있다. 그런데 망초꽃은 "꽃은 꽃이로되" 크기도 작고 곱지도 않아 마치 "하얀 소복으로 구름처럼 모여"있는 모습이 사람들의 눈길을 끌지 못한다. 그렇기 때문에 사랑을 받지 못한다. "사람들 가슴에서 멀어져 황량한 빈 터에/지천으로" 피어있는 것이라고 화자는 말한다. 그러나 사람들의 사랑을 받지 못했지만 "강인한 생명력" 때문에 희망이 있다고 화자는 생각한다. 그렇기 때문에 화자는 망초꽃에게 슬퍼하지 말라고 한다. 시인은 「망초꽃」을 통해 끈질긴 생명력의 의지를 보여주는 망초꽃 뿐만 아니라 소외된 존재들에게도 자신의 존재 조건을 탓하지 말고 꿋꿋하라고 당부한다.

생명성과 더불어 시인의 짜디짜고 견고한 정신을 「소금」에서 만날 수 있다.

> 지상에서 가장 순결한
> 생명의 자궁 바다에 녹아들어
> 은연히 만물을 키우는 너는
> 태양과 바람의 사랑으로 잉태된
> 썩지 않는 정신
>
> 상처를 쓰리고 아프게 하지만
> 깨끗이 치유하고
> 온갖 부정부패의 유혹 앞에 초연해
> 그것을 도려내는 예리한 칼날

세상이 진흙탕이어도
우리는 너로 인하여 살맛나고,
아름다운 연꽃을 피워 올리며
숲 그늘에서 꾀꼬리 노래를 듣는다

황금보다 값진 나의 친구여,
네가 사라진다면 살아 움직이는 모든 것들
생명이 시들어 빛을 잃을 것이다.

-「소금」 전문

모든 생명체는 '소금'없이 살아갈 수 없다. 또한 흰 색채는 순결성을 나타낸다. 그런 까닭에 화자는 "지상에서 가장 순결한/생명의 자궁"이라고 한다. 그러나 소금이 잉태되기까지는 "태양과 바람의 사랑"이 필요하다. 이는 인고의 환경과 시간을 견뎌내야만 소금이 잉태된다는 뜻이다. 이렇듯 극지라는 조건에서 생성된 소금은 "상처를 쓰리고 아프게" 한다. 그렇지만 상처를 "깨끗이 치유하"는 힘을 지녔다. 지금까지 살펴본 소금은 실제의 소금을 의미하기도 하지만 그러나 그것의 의미를 넘는다. 시적인 소금의 기의는 "온갖 부정부패의 유혹 앞에 초연해/그것을 도려내는 예리한 칼날"의 의미를 지닌다. 오늘날 세상이 많이 썩었다고 한다. 그럼에도 불구하고 살맛나는 것은 아름다운 연꽃을 피우기 때문인데 소금같은 존재들이 있었기에 가능한 일이라고 화자는 말하는 것이다. 마침내 화자는 “황금보다 값진 나의 친구”라고 소금을 부르며, “네가 사라진다면 살아 움직이는 모든 것들/생명이 시들어 빛을 잃을 것”이라며 소금의 가치를 높이 인정한다. 소금이 지닌 생명성을 통해 “썩지 않는 정신”을 묘파하고 있다.

김재승 시집

함께 가는 길

2015년 11월 20일 인쇄
2015년 11월 25일 발행

지은이 | 김 재 승
펴낸이 | 강 경 호
인쇄 · 기획 | 도서출판 시와사람
등록 | 1994년 6월 10일 제 05-01-0155호
주소 | 광주시 동구 백서로 125번길 32-5(금동)
전화 | (062)224-5319
팩스 | (062)225-5319
E-mail | jcapoet@hanmail.net

ISBN978-89-5665-441-6 03810

값 10,000원

공급처 ■ 한국출판협동조합

경기도 파주시 탄현면 오금로 30
주문전화 (02)716-5616, 070-7119-1740